AF509867

LA PRINCESSE

DE TARARE,

OU

LES CONTES DE MA MÈRE L'OIE,

FOLIE - VAUDEVILLE EN UN ACTE,

Par MM. ***;

Représentée pour la première fois sur le Théâtre
des Variétés, le 31 décembre 1816.

Prix : 1 fr. 25 c.

DE L'IMPRIMERIE DE FEUGUERAY.

A PARIS,

Chez Martinet, Libraire du Théâtre du Vaudeville, rue du
Coq, n° 13 ou 15, et au Théâtre des Variétés.

1817.

PERSONNAGES.   ACTEURS.

La PRINCESSE DE TARARE......... Mlle *Pauline.*

Le PRINCE OLIBRIUS, marquis
de Saluces....................... M. *Potier.*

GANACHINI, envoyé du prince de Tarare. M. *Tiercelin.*

COURTE-BOTTE, page d'Olibrius..... M. *Brunet.*

HONORA, ancienne dame d'honneur... Mme *Picot.*

Le Théâtre représente un kiosque dans un jardin élégant ; à gauche, un trône ; à droite, une grille dorée ; plus loin, la porte d'un pavillon.

N. B. On trouve chez MARTINET la gravure des principaux costumes de la pièce.

LA PRINCESSE

DE TARARE.

SCÈNE PREMIÈRE.

COURTE-BOTTE, HONORA.

COURTE-BOTTE.

Chut!... vous dit-on.

HONORA.

Mais enfin, je veux savoir pourquoi depuis huit jours vous me négligez à ce point.

COURTE-BOTTE.

Mais paix donc!... On peut nous voir, nous entendre ; et si l'on apercevait une femme dans ce palais... il y va de ma tête.

HONORA.

Ça m'est égal.

COURTE-BOTTE.

A la bonne heure ; mais sachez que moi ça ne me l'est pas. Que diable ! on n'est pas égoïste comme cela.

HONORA.

Oui, traître ! je suis venue dans ce palais malgré les périls que j'y cours ; et j'aime mieux te voir pendu pour l'amour de moi que marié avec une autre... Est-ce là aimer ?

COURTE-BOTTE.

Eh! mon Dieu! haïssez-moi.

PERSONNAGES.   ACTEURS.

La PRINCESSE DE TARARE........ Mlle *Pauline.*

Le PRINCE OLIBRIUS, marquis
de Saluces...................... M. *Potier.*

GANACHINI, envoyé du prince de Tarare. M. *Tiercelin.*

COURTE-BOTTE, page d'Olibrius..... M. *Brunet.*

HONORA, ancienne dame d'honneur... Mme *Picot.*

*Le Théâtre représente un kiosque dans un jardin élégant;
à gauche, un trône; à droite, une grille dorée; plus loin,
la porte d'un pavillon.*

N. B. On trouve chez MARTINET la gravure des principaux
costumes de la pièce.

LA PRINCESSE
DE TARARE.

SCÈNE PREMIÈRE.

COURTE-BOTTE, HONORA.

COURTE-BOTTE.

Chut!... vous dit-on.

HONORA.

Mais enfin, je veux savoir pourquoi depuis huit jours vous me négligez à ce point.

COURTE-BOTTE.

Mais paix donc!... On peut nous voir, nous entendre ; et si l'on apercevait une femme dans ce palais... il y va de ma tête.

HONORA.

Ça m'est égal.

COURTE-BOTTE.

A la bonne heure ; mais sachez que moi ça ne me l'est pas. Que diable ! on n'est pas égoïste comme cela.

HONORA.

Oui, traître ! je suis venue dans ce palais malgré les périls que j'y cours ; et j'aime mieux te voir pendu pour l'amour de moi que marié avec une autre... Est-ce là aimer ?

COURTE-BOTTE.

Eh! mon Dieu! haïssez-moi.

(4)

Air : *Le Vin est l'âme de l'amour.* (*)

Dans quel temps jamais a-t-on vu
Des ardeurs pareilles aux siennes ?
Par tendresse me voir pendu !
Çà serait de belles étrennes.
Moi, je n'en suis pas partisan.
D'ailleurs, on dit, ma Dulcinée,
Qu'être pendu le jour de l'an
Porte malheur toute l'année.

HONORA.

Crois-tu qu'on ne te raille pas, et que si on voulait s'en donner la peine ?...

COURTE-BOTTE.

Si vous pouviez seulement vous donner celle de vous taire... Songez-donc que l'entrée de ce palais est défendue à toutes les femmes, et qu'on n'y est pas habitué à ce tapage-là... Je crois qu'on vient... C'est justement jour d'audience, et c'est moi qui introduit les ambassadeurs.

HONORA.

N'importe !

COURT-BOTTE.

Air : *La Loterie est la chance.*

Oui, votre langue indiscrète
Me fait craindre un sort fatal.
Restez dans cette retraite
Jusqu'à mon premier signal ;

Attendez que quelque ruse...

HONORA.

Attendre ! eh, mon Dieu ! voilà
Vingt ans, si je ne m'abuse,
Que je ne fais que cela.

Ah ! mon Dieu ! je suis muette ;
Que craignez-vous de fatal ?
J'entre, et dans cette retraite
J'attends le premier signal.

ENSEMBLE.

Oui, votre, etc.

(*La poussant dans le pavillon.*)

Eh ! oui, oui ; je crois qu'elle parle encore.

(*) Ce Couplet ne doit être chanté qu'à l'époque du jour de l'an.

SCÈNE II.

COURTE-BOTTE, GANACHINI.

GANACHINI.

Se moque-t-on de moi, s'il vous plaît? Faire faire anti-chambre à un ambassadeur, le seigneur Ganachini! Qui êtes-vous, mon petit ami?

COURTE-BOTTE.

Je me nomme Courte-Botte.

GANACHINI.

Courte-Botte!... voilà un singulier nom.

COURTE-BOTTE.

Premier page du prince Olibrius.

GANACHINI.

Eh bien! seigneur page, pourrait-on m'introduire auprès de son altesse?

COURTE-BOTTE.

Monseigneur se promène tous les matins dans les bois, ainsi que Riquet-à-la-Houpe; mais on l'a fait avertir par monsieur Chat-Botté, son courreur ordinaire.

GANACHINI.

Comment, monsieur Chat-Botté!...

COURTE-BOTTE.

C'est un courreur que son altesse s'est donné à l'instar de celui du marquis de Carabas.

GANACHINI.

Ah! ça, dites-moi donc: Riquet-à-la-Houpe, le marquis de Carabas!... quels sont ces seigneurs-là?...

COURTE-BOTTE.

Bah!... ce sont des contes... oui, des contes de fée; tout le monde en fait ici... Je vois que vous n'êtes guère au fait pour un ambassadeur.

GANACHINI.

Moi, d'abord, je ne sais jamais que ce qu'on me dit ; je dé-
teste les kans-kans, et je fais tranquillement mon état sans
jamais m'occuper de politique.

COURTE-BOTTE.

Oh ! bien, mettez-vous là... d'ici à ce que le prince pa-
raisse j'ai le temps de tout vous raconter.

GANACHINI, *à part.*

Diable !... je n'y pensais pas... c'est en effet très-
adroit à moi de le faire jaser. (*Haut.*) Je vous écoute. (*Ils
s'asseoient*).

COURTE-BOTTE.

Il y avait une fois un roi et une reine...

GANACHINI.

Un roi et une reine !... il me semble que ça commence
drôlement...

COURTE-BOTTE.

Ça commence par le commencement... Il y avait une
fois un roi et une reine qui avaient un fils...

GANACHINI.

Un fils !...

COURTE-BOTTE.

Oui... un fils... et c'est celui qui règne maintenant.

GANACHINI.

Ah ! c'est différent.

COURTE-BOTTE.

Et comme le jeune prince ne voulait jamais s'endormir, et
que ses gouvernantes ne savaient à quel moyen avoir recours,
on fit venir une cargaison entière de journaux, de romans,
de discours académiques, enfin tout ce qu'il y avait de plus
fort...

GANACHINI.

Ça fit son effet...

COURTE-BOTTE.

Point du tout... le hasard fit que l'on commença par le
ballot qui contenait les *Contes de ma Mère l'Oie.*

GANACHINI.

Les contes de ma Mère l'Oie ?

COURTE-BOTTE.

Et loin de l'endormir, ça l'amusa tellement qu'il ne pouvait plus se passer de contes de fée. A douze ans, il les apprenait par cœur, au lieu de son rudiment ; et son gouverneur, qui ne voulait point le contrarier de peur de perdre sa place, ne lui a jamais fait étudier l'histoire que dans la *Bibliothèque bleue.*

GANACHINI.

Ce gouverneur-là était un grand politique!

COURTE-BOTTE.

Mais savez-vous ce qui en est arrivé?

AIR : *Vive une femme de tête.*

De tous ces contes frivoles
Il fait sa règle et sa loi ;
Car il croit ces fariboles
Comme paroles de foi.
Oui, tant sa folie est grande,
Il croit au nain Cadichon ;
Il croit à la fée Urgande,
A l'enchanteur Pandragon.
Parcourant dans son enfance
Le jardin de ce château :
Il croyait voir l'eau qui danse
Dès qu'il voyait un jet d'eau.
Tout l'étonne, tout l'enchante ;
D'un rien sa tête se perd ;
La couleuvre qui serpente
Devient le serpentin vert.
Le cor frappe son oreille,
Ah ! c'est le prince Charmant ;
Une beauté qui sommeille,
C'est la Belle au bois dormant.
Même, à ma perruque rousse,
Il croit en moi voir encor
Un cousin en taille-douce
De la Belle aux cheveux d'or.

GANACHINI.

J'entends bien… j'entends bien… Mais vous m'avouerez qu'auprès d'un souverain de ce caractère la conduite d'un ambassadeur est très-délicate, très-délicate. Et moi, qui viens lui proposer une alliance avec la princesse de Tarare… Heureusement je compte sur mes talens diplomatiques…. Et pour la faire paraître avec avantage aux yeux du prince…, je lui ai conseillé de se tenir cachée avec sa suite aux portes de la ville.

COURTE-BOTTE.

C'est très-bien vu.

GANACHINI.

N'est-il pas vrai ?

COURTE-BOTTE.

D'autant plus qu'elle n'aurait pas été reçue... Aucune femme n'entre dans ce palais... Moi-même, qui suis le doyen des pages, car voilà quarante ans que j'exerce de père en fils, je ne vois ici qu'en cachette ma bonne amie.

GANACHINI.

Voyez-vous le petit espiègle?... Et est-ce aussi une fée ?

COURTE-BOTTE.

Mon dieu ! non; ce n'est ni une fée ni une enchanteresse... c'est une ancienne dame d'honneur retirée... qui est riche et que j'aime en mariage... (*à part , regardant le pavillon*) et que dans ce moment-ci je voudrais voir à tous les diables.

GANACHINI.

Ce petit gaillard-là voit loin, et avec les dispositions qu'il annonce, il est malheureux qu'il ne se destine pas à la carrière diplomatique.

COURTE-BOTTE.

Mais voici enfin le prince... Rentrez, je vais vous annoncer et vous introduire.

GANACHINI.

Et moi, je vais préparer mon entrée.   (*Il sort.*)

SCÈNE III.

COURTE-BOTTE , LE PRINCE OLIBRIUS , Ecuyers et Suite.

OLIBRIUS *à la cantonnade.*

Qu'on avertisse mon lecteur ordinaire de se tenir prêt à m'achever l'histoire de *Gracieuse* et *Percinet*.... Nous en sommes restés hier à la quinzième page.... A propos de page..... Courte-Botte, est-il vrai que l'ambassadeur du prince de Tarare, mon oncle.....

COURTE-BOTTE.

Oui, seigneur; il demande audieuce.

OLIBRIUS.

Ah ! Courte-Botte, il s'agit bien d'ambassade dans ce
moment-ci... Est-ce qu'il ne pourrait pas repasser?...

COURTE-BOTTE.

Vous ne pouvez vous dispenser de le recevoir.

OLIBRIUS.

Prenons donc place.

SCÈNE IV.

Les Précédens, GANACHINI, *précédé de deux pages et
des gardes du Prince.*

*(Sur la ritournelle de l'air, il presente au Prince,
qui est sur son trône , ses lettres de créance.)*

GANACHINI, *après avoir salué.*

AIR *de Jean de Paris.*

C'est la princesse de Tarare
Que je vous annonce en ces lieux.

Vaudeville de la Belle fermière.

Voulant qu'un heureux destin
Avec elle vous enchaîne ,
Son père vous offre sa main,
Que vous recevrez de la mienne.
Esprit piquant et teint frais,
Elle a mille et mille attraits ;
Pour plaire elle a tous les secrets ;
Enfin elle est charmante ,
Et c'est moi qui la représente.

OLIBRIUS.

Comment ! c'est un mariage qu'on me propose ?

GANACHINI.

Oui, seigneur ; l'intérêt de l'état, le vôtre, exigent qu'aujour-
d'hui même vous épousiez votre cousine ; et s'il faut vous
faire valoir ici les grandes considérations politiques , songez
que c'est aujourd'hui la Saint-Sylvestre , et que si le premier
jour de l'an prochain , qui, par un hasard singulier, se trouve

être précisément demain, vous n'avez point fait un choix, le marquisat de Saluce deviendra la possession de votre oncle.

OLIBRIUS.

De mon oncle ! il ne l'aura pas.

GANACHINI

Mais, cependant.....

OLIBRIUS.

Je vous dis qu'il ne l'aura pas, et faites-moi la grace de croire que je sais ce que dit... Oui, messieurs, puisqu'il faut vous faire part de mes résolutions... Qu'est-ce que c'est que d'épouser une princesse, une reine ? C'est donc d'après de mûres réflexions, fruit de mes lectures habituelles et de mon intelligence naturelle, que j'ai résolu de contracter une autre alliance plus conforme à mon inclination, à ma volonté et par conséquent à votre bonheur... En un mot, j'ai résolu de ne prendre pour épouse qu'une fée... et une maîtresse fée...

TOUS.

Une fée !...

OLIBRIUS à *Ganachini*.

Vous voyez maintenant de quoi il retourne, et vous sentez que la princesse de Tarare n'aura pas beau jeu.

GANACHINI.

D'accord, seigneur ; mais vous ne songez point vous-même au revers politique de la médaille.

OLIBRIUS.

J'ai songé à tout, et si j'épouse une fée, c'est surtout par des arrangemens et des considérations d'état. Veut-on m'attaquer, je n'ai qu'un mot à dire à ma femme. — Crac, un coup de baguette, voilà des murailles d'airain qui s'élèvent de tous côtés. — Faut-il des soldats, crac... un régiment sort de dessous la terre, tambour battant, enseignes déployées, et les munitions qui nous arrivent du ciel ou de la lune... Hem !... vous n'aviez pas pensé à cela. — Et si je veux, qu'est-ce qui empêche les alouettes de tomber toutes rôties... et c'est ce que je ferai, car je prétends que tout le monde vive, et qu'en se promenant dans les rues de ma capitale on soit exposé à recevoir des cailles ou des perdreaux sur la tête... Que les fontaines ne coulent que du vin de Champagne ou de Rosolio, de Bologne ; que tout enfin soit comme dans le royaume de Cocagne. Qu'avez-vous à répondre ?

GANACHINI.

AIR : *Chacun avec moi l'avouera.*

A réfuter ce projet-ci
Mon titre auguste m'autorise.
Si je puis m'exprimer ainsi,
Vous faites presque une bêtise.
Prince, excusez cette franchise :
Une fée ici régnera,
Et vous-même vous vexera ;
Car, avec votre esprit honnête,
Une femme comme cela
Va vous mener.....

OLIBRIUS.

Va me mener !

GANACHINI.

Va vous mener à la baguette.

OLIBRIUS.

C'est un grand homme d'État. N'importe, j'espère que je
me suis fait comprendre.

GANACHINI.

Plus que vous ne croyez, mon prince. Je devine le machia-
vélisme de vos desseins, qui tendent moins à serrer les nœuds
de l'hymen qu'à desserrer ceux du pacte social, en renver-
sant l'équilibre politique de la balance des pouvoirs, par la
prépondérance magique d'une alliance... qui... Enfin... je
m'entends...

OLIBRIUS.

Je crois vous entendre, je me flatte de vous entendre.
Je n'ai plus de ménagemens à garder avec un diplomate aussi
astucieux... et si cette nuit-même l'astre du jour vous re-
voit encore dans mes états, je jure ici, pour me servir des
expressions d'un de nos poètes, que vous et votre suite serez
hachés menu comme chair à pâté...

COURTE-BOTTE *bas au prince.*

C'est du marquis de Carabas...

OLIBRIUS.

Il a raison, c'est du marquis de Carabas ; il connaît ses
auteurs. Mais mon observation subsiste... Allez.

SCÈNE V.

OLIBRIUS, COURTE-BOTTE.

OLIBRIUS.

Tu as vu comme je lui ai parlé.

COURTE-BOTTE.

Je suis sûr que ça vous fera peut-être de mauvaises affaires.

OLIBRIUS *irrité.*

Courte-Botte, mon père et moi, depuis trente ans nous vous passons toutes vos étourderies. Je veux croire que cela tient à la fougue de votre âge ; mais si je vous fais une fois fustiger par mon grand écuyer. (*Se reprenant.*) Crois, ami, qu'il m'en coûte de prendre avec toi ce ton sévère qui convient mal à mon caractère naturellement bonace. Dis-moi un peu, est-ce que tu n'approuves pas mon projet de mariage ?

COURTE-BOTTE.

Vous savez bien que nous approuvons toujours... Mais où espérez-vous trouver une fée ?

OLIBRIUS.

C'est là ce qui t'embarrasse ? Eh bien ! mon cher Courte-Botte... Et moi aussi... C'est même la seule difficulté.

COURTE-BOTTE.

Vous ne la trouverez jamais.

OLIBRIUS.

C'est ce qui me la rendra plus précieuse... C'est la rareté de cette espèce privilégiée qui en fait en quelque sorte le mérite... Mais rassure-toi... Je crois que je touche au but... J'ai déjà fait plusieurs rêves de suite.

COURTE-BOTTE.

Avez-vous rêvé chat-huant ?... avez-vous rêvé feu ?... avez-vous rêvé eau ?...

OLIBRIUS.

Quelquefois je crie comme un sourd. Mais bien mieux que cela... Tu connais le grand étang du parc ?...

COURTE-BOTTE.

C'est là que je vais tous les dimanches pêcher à la ligne.

OLIBRIUS.

Je promenais sur ces bords le vague de mes rêveries mé-
lancoliques... Vois-tu, les bras croisés comme un homme
qui pense... c'est-à-dire, je ne sais pas précisément à quoi
je pensais... je ne suis même pas bien sûr si je pensais...
quand tout-à-coup... j'aperçois une cigogne avide prête à
dévorer une innocente grenouille...

COURTE-BOTTE.

Eh bien !

OLIBRIUS.

Eh bien ! tu ne te rappelles pas l'histoire de la fée Muffette,
que le prince Persinet délivra ainsi?.. Je n'en fais ni une ni
deux... je fais trois pas en arrière comme pour avancer...
A ce geste menaçant la cigogne s'envole et laisse échapper
la fée.

COURTE-BOTTE.

La grenouille...

OLIBRIUS.

La fée... qui, crac, vous donne une tête dans l'étang...

COURTE-BOTTE.

Comme si elle allait s'amuser à compter des pauses.

OLIBRIUS.

Oh! c'était l'effet d'un premier mouvement, parce que tu
te rappelles bien... nous l'avons lu cent fois... dès qu'un
chevalier a délivré une fée... l'instant d'après, il voit repa-
raître une beauté ravissante... sur un char d'escarboucle,
avec une robe d'argent, qui vient vous remercier du service qu'on lui a rendu... Ça ne manque jamais... aussi je
vous l'ai attendue de pied ferme et le chapeau sous le bras.

COURTE-BOTTE.

Comment! est-ce qu'elle serait venue ?...

OLIBRIUS.

Ce qui va bien t'étonner... c'est que je n'ai rien vu paraître... Tu sens bien que ça n'est pas naturel et qu'il faut
qu'il y ait quelque chose là-dessous... Si j'avais attendu...
Qu'en penses-tu ?

COURTE-BOTTE.

Je pense que si votre altesse fût restée plus long-temps,
elle eût pu gagner un rhume de cerveau.

OLIBRIUS.

Tu crois… Eh bien! tu vas me faire le plaisir d'y aller à ma place… Tu resteras sur le bord de l'étang jusqu'au commencement de l'année prochaine, et dès que tu verras paraître cette aimable fée ou quelque chose d'approchant, tu auras la complaisance de lui présenter la main et de me l'amener sur-le-champ.

COURTE-BOTTE.

Air : *Vent brûlant d'Arabie.*

Attendre de la sorte,
Je vais perdre mes pas ;
Croyez-vous qu'elle sorte…

OLIBRIUS.

Ne me replique pas.
Vénus, quoique déesse,
Sortit de l'Océan …
Tu vois que ma princesse
Peut sortir d'un étang.

Je te donne quatre heures… c'est bien suffisant pour trouver…

COURTE-BOTTE.

Une fluxion de poïtrine.

OLIBRIUS.

Elle sera bonne, je te l'assure, et tu seras récompensé… Va…

SCÈNE VI.

OLIBRIUS *seul.*

Enfin, après deux ans de recherches, la voilà donc trouvée cette fée tant desirée… C'est singulier : aussitôt que j'ai aperçu cette intéressante grenouille, une espèce de pressentiment m'a dit : Olibrius, voilà ta compagne. Fée adorable, je crois encore t'entendre.

Air *du Premier pas.*

De ton *quoua quoua*
L'aimable consonnance
En ce moment retentit encore là.
Oui, dans mon cœur, qu'agite l'espérance,
Je garderai la douce souvenance
De ton *quoua quoua.*

J'en suis sûr, elle ne peut manquer de se représenter à

moi sous une autre forme.... Mais combien elle tarde !
O triste Olibrius ! (*En faisant un geste de douleur, il frappe avec force dans ses mains... On répond en dedans du pavillon.*)

Qu'entends-je ? N'est-ce point mon imagination efferves-cente qui se repaît de veines chimères ?...
(*Il frappe deux coups ; on répond encore.*)

Non, mon imagination ne se repaît point... Essayons une dernière épreuve.
(*Il frappe trois coups ; on répond.*)

Ah ! trop heureux Olibrius !... Je n'y résiste plus.....
(*Il court ouvrir la porte du pavillon.*)

SCÈNE VII.

Le précédent, HONORA *sortant vivement du pavillon.*
Olibrius, sans la regarder, se jette à ses pieds.)

HONORA.

Que vois-je ? Ce n'est point Courte-Botte ! Comment me tirer de là ?

OLIBRIUS, *à part.*

J'en étais sûr... C'est la *fée rayonnante.* Oui, madame, vous voyez à vos pieds l'heureux Olibrius qui ose à peine le-ver les yeux sur tant d'attraits.

HONORA, *à part.*

C'est le prince ! grands dieux !.. (*Haut.*) Votre altesse est étonnée de me voir ainsi.

OLIBRIUS.

Non, madame... certainement. (*A part, la regardant.*) C'est étonnant ; elle a pris là une drôle de figure... (*Haut.*) Vous avez craint sans doute que la faible vue d'un mortel ne pût supporter l'éclat de vos vrais charmes.

HONORA.

De mes vrais charmes !

OLIBRIUS.

Qui sait d'ailleurs si vous ne voulez pas encore m'éprou-ver..... Eh mon Dieu ! je suis trop heureux..... Vous

pouviez vous présenter à moi sous une forme bien plus.....
un crocodille , un serpent... que sais-je? Mais vous avez eu
la bonté de ne rien conserver de votre état de ce matin...
rien que votre fraîcheur... et si je ne me trompe, cette robe
vert pistache qui me rappelle trop bien l'étang du...

HONORA.

Comment, l'étendue?....

OLIBRIUS.

Oui, l'étang du parc où j'ai eu l'avantage de faire votre
connaissance et de vous rendre ce léger service....

HONORA.

Eh quoi!....

OLIBRIUS.

Oui, *quoua*, *quoua*; c'est ce que vous m'avez dit en me
quittant... je ne l'ai point oublié.

HONORA.

Si j'y comprends rien... Comment, mon prince, vous
ne m'en voulez pas de m'être ainsi introduite dans votre
palais?...

OLIBRIUS.

Vous savez bien que je vous y attendais pour vous y offrir
et mon cœur et ma main... Vous connaissez la loi sévère qui
me force à me marier d'ici à quelques heures... et si vous
me refusez pour époux , c'en est fait de mon bonheur et de
ma couronne.

HONORA.

Comment ! il serait possible que ce fût moi...

OLIBRIUS.

AIR : *Vaudeville de Partie carrée.*

Je ne crains pas qu'on me condamne
En couronnant tant de vertus.
Je trouve en vous Babiole et peau d'âne.

HONORA.

Arrêtez , bel Olibrius.

OLIBRIUS *à part.*

Elle a dit : bel Olibrius !
(*Haut.*)
Oui, vous joignez aux qualités de l'âme
Le ton naïf du Petit Chaperon,
Et votre pied vaut quinze fois , Madame,
Celui de Cendrillon.

Mais qui peut le plus peut le moins.

HONORA.

Ah ! çà , et Courte-Botte?...

OLIBRIUS.

Je l'ai envoyé vous chercher au bord du canal. C'est un très-bon tour que vous lui avez joué là de paraître ainsi.

HONORA *à part.*

Allons... il est au fait. (*Haut.*) Vous savez donc qui je suis ?

OLIBRIUS.

Si je le sais ! Je vous aimais sans vous connaître , et depuis que je vous ai vue... çà n'a rien ajouté à ma passion... Je cours vous chercher ce précieux anneau qui ne doit être donné qu'à ma future épouse , et dans l'instant je vous fais proclamer. Je vous retrouverai ici, n'est-ce pas ? vous me le promettez ?...

HONORA *à part.*

Ma foi , je ne sais pas trop comment çà se fait ; mais cela prouvera du moins à ce volage de Courte-Botte.....

OLIBRIUS.

Quoi! vous hésitez ?

HONORA.

Non , je reviendrai , je vous le promets..... Je vous demande seulement à changer un peu.

OLIBRIUS.

Oh ! mon Dieu ! faites tous les changemens possibles... des changemens à vue..... faites comme chez vous..... Mais je vous reverrai , n'est-il pas vrai ?.... Regardez-moi. (*Ils se regardent tendrement.*) J'en suis pour ce que j'ai dit..... Vous avez choisi là.... une f..... igure bien originale. Vous ne la garderez point, n'est-ce pas ?....

HONORA.

Comment ?..

OLIBRIUS.

Après c'à , ce que je vous ai dit.... Ne croyez pas que j'en sois inquiet.

HONORA.

En vérité, ce prince-là est bien singulier , mais il est bien aimable.

OLIBRIUS.

AIR : *Oui, j'ai su lui plaire.*

Oui, j'ai su lui plaire,
Et j'obtiens son cœur.
O destin prospère !
Je touche au bonheur.
Préparons tout en secret
Pour un si charmant objet.

OLIBRIUS, HONORA.

J'ai donc su lui plaire, etc.

(Ils sortent.)

SCÈNE VIII.

LA PRINCESSE DE TARARE, GANACHINI,
entr'ouvrant mystérieusement la petite porte à droite.

LA PRINCESSE.

AIR : *Berce, berce, bonne grand'mère.*

Suis mes pas
Et faisons silence ;
Suis mes pas ;
Surtout parlons bas.
Ne vois-tu rien ?

GANACHINI.

Mon Dieu ! quelle imprudence !
Vous exposez votre honneur et le mien.

LA PRINCESSE.

Suis mes pas, etc.

Ne referme point la grille... Il faut en cas d'accident se ménager une retraite ; d'ailleurs, le gardien de la porte extérieure veille sur nous et nous pouvons compter sur lui.

GANACHINI.

Je crois bien ! vous l'avez assez payé... Tant d'or à un simple portier !...

LA PRINCESSE.

Paix... j'ai cru entendre marcher.

GANACHINI.

Vous m'avouerez que, pour un ambassadeur, vous me faites faire là un pas de clerc.

LA PRINCESSE.

Bah ! ce ne sera pas le premier.

GANACHINI.

Songez donc qu'on a juré de nous hacher menu comme chair à pâté.

LA PRINCESSE.

Crois-tu qu'il aurait ce cœur-là ? Ah ! mon cher cousin, vous refusez non-seulement de m'épouser, mais même de me voir !

GANACHINI.

Et c'est pour cela que vous voulez affronter sa présence ?

LA PRINCESSE.

Justement.

GANACHINI.

Mais j'ai eu l'honneur de répéter à votre altesse qu'il ne veut pour épouse qu'une maîtresse fée.

LA PRINCESSE.

Qui sait si on ne le dégoûtera pas de la féerie et des fées ?

AIR *de la Robe et les Bottes.*

Il en est plus d'une, je pense ,
Qni peut-être ne me vaut pas.
Qu'a-t-il besoin de leur puissance ,
Et qu'en ferait-il ici bas ?
Mon cousin a la meilleure ame ,
Et d'avance, à ce qu'on peut voir,
Sans être fée , auprès de lui sa femme
Aura toujours bien assez de pouvoir.

GANACHINI.

Il me semble voir dans les jardins des préparatifs de fête.

LA PRINCESSE.

Allez voir ce que ce peut être, et tâchez de savoir où est le prince...

GANACHINI.

Mais si l'on me découvre... Songez que...

LA PRINCESSE.

Je le veux.   (*Ganachini sort.*)

SCÈNE IX.

LA PRINCESSE *seule.*

Ah! mon cousin! il faut de la féerie pour vous plaire;
j'espère cependant bien m'en passer.

AIR : *Montagnes.* (De M. de Beaupland.)

Fillette
Coquette,
Sans la magie et son secours,
Enchaîne
Sans peine
Tous les amours.

En vain d'un être fantastique
On vante le pouvoir magique ;
Ah! pour égarer la raison ,
Coup d'œil piquant , minois fripon,
En savent aussi long.
Fillettes , etc.

Viens à mon aide, dieu du Gnyde ,
Et , sans être fée ou sylphide
Avec toi je puis tout, je crois.
Il suffit pour donner des lois
D'un trait de ton carquois.
Fillettes , etc.

Mais on vient de ce côté... Ah! mon Dieu! d'après le
portrait qu'on m'en a fait, ne serait-ce pas le prince lui-
même ?

SCÈNE X.

LA PRINCESSE, OLIBRIUS.

OLIBRIUS.

Enfin, je tiens ce précieux anneau.... et dès que je vais
voir cette puissante fée...

LA PRINCESSE *à part.*

Mon cousin n'est pas mal...

(21)

OLIBRIUS, *apercevant la Princesse.*

Que vois-je?... Eh bien! à la bonne heure, parlez-moi
de ça... vous êtes bien mieux que tout-à-l'heure... il n'y a
pas de comparaison.

LA PRINCESSE.

Eh mais! comme il m'aborde!... On dirait qu'il me connaît déjà.

OLIBRIUS.

Si je vous connais!.. voilà absolument la figure que je de-
sirais épouser... celle qui était l'objet de tous mes rêves...
et d'honneur, dans aucun de mes livres je n'ai rien vu d'aussi
joli.

LA PRINCESSE.

Qu'est-ce que disait donc Ganachini?... Il n'est pas si
extravagant.

OLIBRIUS.

AIR du Piége.

De joie et de saisissement
Je sens que mon âme échauffée...
Fée... incomparable...

LA PRINCESSE.

Un moment,
Ah! je ne suis pas une fée.

OLIBRIUS.

Vos attraits instruisent au mieux
De votre origine secrète;
Votre pouvoir est dans vos yeux
Bien plus que dans votre baguette.

LA PRINCESSE.

Comment donc! mais c'est une déclaration.

OLIBRIUS.

Je vous déclare que c'en est une et une soignée.

Même air.

Quelle soudaine ardeur me brûle;
Quel feu dans mes veines circule;
C'est bien de la magie... O Ciel!

LA PRINCESSE.

Rien n'est pourtant plus naturel.

OLIBRIUS.

Reprenons un peu d'assurance.
(Il reprend sa main et lui met l'anneau.)

Ah ! grands dieux ! quel trouble est le mien !

LA PRINCESSE, *regardant l'anneau.*

Enfin , il est en ma puissance.

Ah ! je le tien ,
Oui , je le tien.

OLIBRIUS.

Comme j'en tien !

OLIBRIUS.

Oui , rien ne me fera manquer à mes sermens.

LA PRINCESSE.

Je crains pourtant que votre cousine, la princesse de Tarare...

OLIBRIUS.

Il s'agit bien de ma cousine auprès d'une fée... de votre calibre.

LA PRINCESSE.

On dit qu'elle me vaut bien.

OLIBRIUS.

C'est impossible... et d'ailleurs j'ai refusé de là voir... et je ne la verrai pas.

LA PRINCESSE.

Bon! courons rejoindre ma suite. (*Elle s'approche de la porte, qui est restée entr'ouverte, et disparaît.*)

SCÈNE XI.

OLIBRIUS *seul.*

C'est entendu... je ne veux voir que vous... Eh bien !... (*Se retournant à droite et ne voyant plus la princesse.*) Comment! elle a disparu ?... Ma foi, voilà un tour de passe-passe. C'est que je n'ai pas vu la moindre flamme, le plus petit nuage...

SCÈNE XII.

Le Précédent, HONORA , *richement habillée, arrivant
du côté opposé.*

OLIBRIUS, *se retournant et l'apercevant.*

Et de deux... Ma foi celui-là vaut l'autre... (*Riant.*)
Ah!...ah!...ah!... C'est charmant... — Ah! ça c'est pour
rire que vous avez repris votre autre... Mais j'aime mieux
celle de tout-à-l'heure.

HONORA , *montrant la robe.*

Prince, d'où vient votre étonnement?... Ne vous avais-je
pas prévenu de ce changement?

OLIBRIUS.

Sans doute... mais c'est que ça été fait..., crac — paraissez
— disparaissez — Si ça n'était pas abuser de votre complaisance, ne pourriez-vous pas recommencer?... Tenez, je vais
fermer les yeux...—Voyons... est-ce fait? (*Regardant.*)
Est-ce que j'ai regardé trop tôt?

HONORA.

Prince, je ne conçois pas ce qui peut ainsi troubler votre
altesse.

OLIBRIUS.

Pardon... Je n'insisterai pas... Je sais qu'il faut vous
laisser faire toutes vos volontés... Tous les grands de ma
cour vont venir vous présenter leurs hommages... Alors
je demanderai que pour eux... Voilà tout ce que je vous
demande ; pour moi, je ne suis pas inquiet.

HONORA.

Comment!...

OLIBRIUS.

Voyez-vous bien... Celle-ci ferait un mauvais effet...
Alors vous me promettez, n'est-ce pas?...

HONORA.

Ah! mon Dieu ! oui, je vous le promets... (*A part.*) Si
je sais ce qu'il veut dire.

SCÈNE XIII.

Les Précédens, COURTE-BOTTE.

COURTE-BOTTE.

Mon prince.

HONORA *à part.*

C'est Courte-Botte.

COURTE-BOTTE.

Les seigneurs et les grands de votre cour demandent à être
présentés à leur nouvelle souveraine.

OLIBRIUS.

Je vais recevoir leurs félicitations.

COURTE-BOTTE.

Qu'ai-je vu ? Honora ! Tout est découvert.

OLIBRIUS.

Eh bien ! mon ami, la voilà, c'est elle.

COURTE-BOTTE.

Comment ! c'est elle ?

OLIBRIUS.

Oui, une petite femme jeune, gentille, adorable ; je crois
que j'en perdrai la tête.

COURTE-BOTTE.

Comment ! jeune et gentille ?

OLIBRIUS.

Oui, pleine de graces, d'attraits, pas plus haute que cela.

COURTE-BOTTE.

Ah ! ça, expliquons-nous ; pas plus haute que cela ? Ça
n'est donc pas.... (*Montrant Honora.*)

OLIBRIUS.

Si fait... Mais, bah ! tu ne peux pas en juger par là.

COURTE-BOTTE.

Ça n'est donc pas elle ?

OLIBRIUS.

Si on veut.

COURTE-BOTTE.

Comment ! si on veut ?

OLIBRIUS *à part.*

Ce pauvre Courte-Botte ! il ne conçoit pas. (*A Honora.*)
Rappelez-vous votre promesse. Au moment où j'entrerai avec
ma cour... je vous donnerai le signal... Une, deux. Je cours
recevoir les félicitations de mes sujets et je les amène à vos
pieds.

SCÈNE XIV.

COURTE-BOTTE, HONORA.

COURTE-BOTTE.

Ah ! ça, Madame, m'expliquerez-vous ce que tout cela
veut dire ?

HONORA.

Air *de l'Écu de six francs.*

Cela s'explique : tant de charmes
N'ont jamais été faits pour vous ;
Chacun va me rendre les armes ;
Un prince devient mon époux.
Si vous voulez bien le permettre,
Dans l'instant il va sur mon front
Mettre la couronne.

COURTE-BOTTE.
Il faut donc
Qu'il ne sache plus où la mettre.

Mais songez donc que voilà bientôt vingt ans que je vous
fais la cour ; que si je mets à vous oublier le temps que j'ai
mis à vous plaire, que diable ! il n'y aurait pas de raison pour
que ça finisse..... Allons, un bon mouvement, et s'il ne faut
que se mettre à vos genoux, voyez m'y. (*Il se jette à ses
genoux.*)

SCÈNE XV.

Les précédens, LE PRINCE, toute la Cour.

OLIBRIUS, *avançant en parlant à sa suite, de sorte qu'il
tourne le dos à Honora et à Courte-Botte.*

Oui, vous dis-je, avancez doucement... Voilà... Attendez que je donne le signal..... Une , deux. Retournez-vous maintenant.

(Il se retourne , et aperçoit Courte-Botte aux pieds d'Honora).

O ciel ! mon page aux pieds de mon épouse !

COURTE-BOTTE.

Mais vous m'avez dit que ce n'était votre épouse que pour le moment.

OLIBRIUS.

Comment ! mais c'est égal, et je ne veux pas que pour le quart d'heure... (*Regardant Honora.*) Que vois-je?.. Eh bien! vous l'avez encore ? vous m'aviez promis de quitter...

HONORA.

Qu'est-ce à dire ?

COURTE-BOTTE.

Si c'est comme cela qu'il la trouve belle.

OLIBRIUS.

Ah ! j'y suis..... c'est à cause de ce maraud. Vous n'avez pas voulu devant lui... vous avez bien fait..... Celle-là est encore trop bonne pour lui... et pour arrêter ses transports téméraires , vous auriez dû prendre pire encore..... si c'est possible. Mais puisque rien ne l'effraie , qu'on l'entraîne et qu'on le fustige.

COURTE-BOTTE.

Mais , Seigneur...

OLIBRIUS.

Qu'on le fustige... dis-je.

COURTE-BOTTE.

Mais à qui diable en avez-vous? C'est ma future.

OLIBRIUS.

Qu'ouïs-je ?

COURTE-BOTTE.

Comment ! qu'ouïs-je ?

OLIBRIUS.

Oui, que viens-je d'ouïr ?

COURTE-BOTTE.

C'est celle que je devais épouser... c'est ma femme.

OLIBRIUS.

Comment! il serait vrai?... Est-ce que Madame aurait pris justement la figure de sa femme? Ah!... ah!... ah!... c'est délicieux.

COURTE-BOTTE.

Mais elle n'a rien pris. Quand je vous répète que c'est ma femme...

OLIBRIUS.

C'est-à-dire... c'est ta femme, non pas. Ne confondons point... c'est peut-être la figure de ta femme... Mais ça n'est pas ta femme... c'est bien différent.

COURTE-BOTTE.

Ah ça, comment arrangez-vous cela?

OLIBRIUS.

Parbleu! je l'arrange... C'est tout simple. Madame, ce matin, en sortant du canal, cherchait une figure au hasard; elle aura pris celle de ta femme, comme elle aurait pris la mienne... la tienne... celle d'un singe ou de tout autre animal. Eh bien! si elle l'a prise, elle n'a qu'à la rendre.... Moi, d'abord je n'y tiens pas du tout... (*à Honora.*) et je ne vois pas pourquoi vous auriez l'air d'y tenir. Imbécille!.. conçois-tu à présent?

COURTE-BOTTE.

Permettez... Depuis que vous m'avez expliqué ça... il m'est impossible de m'y reconnaître.

OLIBRIUS.

Qu'est-ce que tu as à dire? On va te la rendre ta figure... (*A Honora.*) Mais celle de ce matin était si jolie!.. Je donnerais tout au monde pour la revoir...

HONORA.

Eh, mon Dieu! ça n'est pas si difficile; vous n'avez qu'à regarder.

OLIBRIUS.

Ah! c'est bon... elle va changer... (*Aux gens de la cour.*) Vous allez voir..... (*A Honora.*) Allons, commencez... Non, nous aimons mieux ne pas regarder... Nous ne regardons pas... Eh bien!

(*On entend dans le lointain une musique orientale, vive et brillante.*)

TOUS.

Quel est ce bruit ?

OLIBRIUS.

Ne remuez donc pas... C'est que ça commence. (*Le bruit redouble.*) C'est ça ; voilà le coup de baguette donné : vous allez voir les dragons ailés, les palais de diamans... Ahai ! ahai !... Voilà d'abord les nègres, non, les Chinois auparavant.

(*On aperçoit, dans le fond, descendre de la montagne des esclaves nègres, une suite nombreuse de femmes qui portent des fleurs.*)

Voyez-vous ? quand je vous le disais.

COURTE-BOTTE.

Ah ça !... Mais voilà que je commence à avoir peur... Est-ce que ma future serait réellement une sorcière ?

SCÈNE XVI.

Les Précédens ; la PRINCESSE DE TARARE *sur un palanquin magnifique, richement habillée, environnée de toute sa suite.*

CHŒUR.

AIR *d'Elisca.*

Quelle est cette princesse
Dont l'éclat éblouit les yeux ?
Oui, cette enchanteresse
Vient pour nous de quitter les cieux.

OLIBRIUS.

C'est elle, je la reconnais ; voilà celle que j'ai juré d'aimer toujours... (*Se retournant et apercevant Honora.*) Eh bien ! vous voilà encore ?... Disparaissez donc, disparaissez ; voilà le changement fait. (*Il frappe du pied.*) Allons donc.

HONORA.

Mais, mon prince, je ne sais pas ce que vous voulez me dire, et je vous jure que je ne comprends rien à tout ce que je vois.

OLIBRIUS.

C'est juste... Je n'y pensais plus. En reprenant sa figure, Madame a quitté la vôtre..... et alors vous ignorez.....

(29)

(*A Courte-Botte.*) Mon ami, tu peux maintenant l'épouser...
Je te réponds que c'est bien ta femme... Mais tout-à-l'heure
c'était une autre paire de manches... (*A Honora.*) Oui,
l'on vous expliquera tout cela. Si Madame a pour quelque
temps emprunté votre figure, vous pouvez être sûre qu'elle
n'en a point fait un mauvais usage... et d'ailleurs l'on vous
en paiera la location... au-delà de sa valeur... n'est-il pas
vrai ?

LA PRINCESSE.

Un instant, vous n'êtes pas encore mon époux.

OLIBRIUS.

Comment ! n'avez-vous pas reçu mon anneau de fian-
çailles ?

LA PRINCESSE.

Le voici... mais je ne puis le garder qu'à une condition
qui ne vous conviendra peut-être pas... — Il est défendu à
une fée d'épouser un simple mortel sous peine de devenir
mortelle comme lui.

OLIBRIUS.

Ah ! diable !... je n'avais pas songé à cela... Et jamais
vous ne me ferez un pareil sacrifice.

LA PRINCESSE.

Peut-être.

AIR : *Ces Dames avaient le projet.* (D'une *Nuit de la Garde nationale.*)

Je ne saurais vous élever ;
Mais jusqu'à vous si je m'abaisse ,
Comment pourrais-je conserver
Votre amour et votre tendresse ?
Je renoncerais sans retour
A toute magique influence
Si j'étais certaine en ce jour
De ne perdre que ma puissance.

OLIBRIUS.

Ah ! pouvez-vous croire que j'hésite un instant ?...

LA PRINCESSE.

Songez-y bien... Il faut renoncer à ma main, ou vous
résoudre à n'épouser en moi qu'une simple mortelle...

OLIBRIUS.

Ah ! mon choix est fait, et puisque vous, vous daignez
épouser un simple mortel, un simple homme, permettez

que je sois le vôtre, et tous mes vœux seront comblés...
Ah ça, mais maintenant que vous n'êtes plus la fée rayonnante..... qui êtes-vous, et comment allez-vous vous
appeler ?

SCÈNE XVII et dernière.

Les Précédens, GANACHINI *paraissant dans
le fond.*

GANACHINI.

La princesse de Tarare... et madame n'a jamais cessé de
l'être....

OLIBRIUS.

Qu'entends-je ?

COURTE–BOTTE.

Voilà des étrennes mignones.

GANACHINI.

AIR : *Ces Postillons sont d'une maladresse.*

Moi, son plénipotentiaire,
Seul en ce jour ai dirigé ses pas.
Une *fée* est une chimère
Qu'on ne trouve plus ici bas.
Les *enchanteurs* sont des folies,
Et dans mon pays, croyez-nous,
On ne voit pas plus de *génies*
Qu'on n'en trouve chez vous.

OLIBRIUS.

C'en est fait... le voile se déchire... (*A la princesse.*)
En revenant à vous, Princesse, c'est revenir au naturel et
à la vérité... Et si jamais j'étais tenté de retomber dans mes
anciennes erreurs, il suffirait de me rappeler l'excellent
discours de monsieur l'ambassadeur pour m'empêcher de
croire au merveilleux.

CHŒUR.

AIR *du Laboureur Chinois.* (Hayden.)

Quelle douce destinée
Attend ce couple charmant !
Chantons ce noble hymenée
Et cet heureux changement.

LA PRINCESSE *au public.*

Un Prince, pour me plaire,
S'est corrigé d'abord ;
N'allez pas au parterre
Le corriger encor.
Qu'ici l'on s'humanise ;
Et vous, au paradis,
Tâchez qu'on exorcise
Tous les malins esprits.

Reprise du CHŒUR.

Quelle douce, etc.

FIN.

www.ingramcontent.com/pod-product-compliance
Lightning Source LLC
LaVergne TN
LVHW021650170726
843501LV00007B/2488